Fiche **philosophe**

Par Natacha Cerf

Épicure

LePetitPhilosophe.fr

ÉPICURE   1

BIOGRAPHIE   3

La naissance de l'épicurisme
Un auteur prolixe
Une postérité exemplaire

CONTEXTE PHILOSOPHIQUE   7

Le stoïcisme
Épicure ou la critique du stoïcisme
Épicure calomnié

PENSÉE ET APPORT   11

La canonique
La physique
L'éthique

EN RÉSUMÉ   21

POUR ALLER PLUS LOIN   24

TESTEZ VOS CONNAISSANCES !   25

Associez chaque citation à l'explication qui lui
correspond

ÉPICURE

PHILOSOPHE GREC FONDATEUR DE L'ÉPICURISME

- **Né en 341 av. J.-C. sur l'ile de Samos**
- **Décédé en 271 av. J.-C.**
- **Quelques-unes de ses œuvres :**
    - *Lettre à Ménécée*
    - *Maximes capitales*
    - *Sentences vaticanes*

Philosophe grec du **IVᵉ siècle av. J.-C.**, Épicure est le **fondateur de l'épicurisme**, une école philosophique qui occupe une place singulière dans l'histoire des idées. En effet, elle développe une pensée où il n'est question d'aucun éternel ni absolu, ni même de Vérité : seuls importent **la paix de l'âme et l'art de l'atteindre**.

Si Épicure se distingue par le contenu de son enseignement, il s'écarte encore davantage de la masse académique de son époque par sa manière d'enseigner : alors que tous les professeurs officient dans des académies ou des lycées, c'est dans un jardin qu'il dispense ses connaissances. Ces différences mettent en avant la simplicité, l'humanité et la modestie du philosophe.

Épicure a rédigé environ **300 volumes** dans lesquels il a consigné sa pensée. Malheureusement, de la majorité de ses œuvres, nous ne connaissons que les titres. Seules quelques lettres, dont la célèbre ***Lettre à Ménécée***, et ses *Maximes ca-*

pitales et *Sentences vaticanes* sont parvenues jusqu'à nous.

BIOGRAPHIE

LA NAISSANCE DE L'ÉPICURISME

Épicure est né sur l'ile de Samos en **341 av. J.-C**. Il se consacre dès l'adolescence à la philosophie après être tombé par hasard sur des livres de **Démocrite** (vers 460-370 av. J.-C.), qui considère que l'univers est constitué d'atomes et de vide. Épicure devient d'ailleurs l'élève du disciple de ce dernier : Nausiphane.

Il se rattache également à l'école éléatique, fondée par **Xénophon** (vers 430-355 av. J.-C.), qui met en avant l'unité de l'être. Cependant, déçu par les réponses de ses maitres, il décide de philosopher seul et devient autodidacte. Il crée sa propre école à Athènes en 306 av. J.-C.

BON À SAVOIR

L'**école d'Élée** a été fondée par Xénophon. L'idée principale de cette doctrine concerne l'unité de l'être : rien ne nait de rien et rien ne retourne à rien. L'être est donc unique, indestructible, immuable et éternel.

L'**épicurisme** est une des plus importantes écoles philosophiques de l'Antiquité. Elle a joui d'une diffusion plus large que les autres, notamment le platonisme, réservé à une élite intellectuelle. De plus, alors que tous les professeurs officient dans des lycées ou dans des académies, **Épicure enseigne dans un jardin**. C'est pourquoi ses disciples sont aussi appelés « les philosophes du Jardin ».

Chaste et végétarien, Épicure mène en célibataire une **vie simple et frugale**. Ses amis et ses adeptes, extrêmement nombreux, viennent du monde entier pour vivre auprès de lui, fascinés entre autres par sa sobriété. Chose exceptionnelle pour l'époque, l'épicurisme invite aussi les femmes et les esclaves à philosopher : selon Épicure, tout être humain peut et doit avoir accès au savoir et à la philosophie.

<u>**BON À SAVOIR**</u>

Le **platonisme** désigne la philosophie de Platon (vers 427-347 av. J.-C.) et de ses disciples, qui consiste en une recherche rigoureuse de la vérité dans tous les domaines.

UN AUTEUR PROLIXE

Épicure a consacré une grande partie de sa vie à rédiger différents écrits, qui représentent environ **300 volumes** ne contenant aucune citation mais uniquement les paroles d'Épicure lui-même. Il est un des auteurs antiques les plus prolixes. Cependant, de cet immense ensemble, **seuls les titres de ses œuvres, quelques lettres** (*Lettre à Hérodote, Lettre à Pythoclès* et *Lettre à Ménécée*), **et ses *Maximes capitales* et *Sentences vaticanes* ont survécu** et sont parvenues jusqu'à nous. Le reste de ce que nous connaissons de sa pensée nous vient d'extraits d'œuvres de Cicéron, Plutarque, Sénèque, Sextus Empiricus, Lucrèce, etc.

Parmi ses écrits, on trouve :

- *Sur la nature* (37 livres) ;
- *Sur les atomes et le vide* ou *Sur les principes de toutes choses* ;
- *Sur l'amour* ;
- *Contre les mégariques* (ou dialecticiens), difficultés ;
- *Sur les choix* ;
- *Sur la fin* ;
- *Sur le jugement ou canon* ;
- *Sur les modes de vie* (4 livres) ;
- *Sur l'action juste* ;
- *Sur le destin* ;
- *Sur les simulacres, images, espèces, spectres* ;
- *Sur l'imagination*, etc.

UNE POSTÉRITÉ EXEMPLAIRE

Épicure, de faible constitution et de **santé fragile**, meurt d'une rétention d'urine causée par des calculs rénaux en **271 av. J.-C**. À sa mort, ses disciples rendent **hommage à sa mémoire** et un véritable culte nait : sa patrie l'honore de vingt statues et des cérémonies sont organisées en son souvenir. Certains transportent partout son image, pensant que cela portera chance aux leurs. L'affection dont il était entouré était immense. Mais ses détracteurs étaient également très nombreux.

Par la suite, **son école continue à prospérer** avec constance au fil des ans, et ses dirigeants, au nombre de quatorze, se succèdent sans interruption ni heurt **pendant deux-**

cent-trente-sept ans. L'école épicurienne ne se voit dé-chirée d'**aucune querelle intestine** : tous se respectent et convergent vers la pensée d'Épicure qu'ils interprètent sans le moindre point de désaccord. Ses disciples ne se contre-disent jamais les uns les autres et ne contredisent jamais Épicure. La moindre innovation par rapport à l'ancien maitre aurait été considérée comme un sacrilège ou une impiété : il n'y a qu'un seul état d'esprit et qu'une seule pensée com-mune à tous les épicuriens. Parmi les successeurs d'Épicure, on peut notamment citer Hermaque, Polystrate, Denys, Basilide et Apollodore.

CONTEXTE PHILOSOPHIQUE

LE STOÏCISME

Aux IVe et IIIe siècles av. J.-C., deux écoles philosophiques majeures coexistaient : l'épicurisme, fondé par Épicure, et le stoïcisme, fondé par **Zénon de Citium** (vers 335-264 av. J.-C.).

Épicure a été calomnié par les stoïciens dès la fondation de son école et ces critiques ont persisté à travers les siècles. À son époque déjà, un épicurien était systématiquement associé à un débauché, à un impie, voire à un athée. En réalité, les stoïciens auraient été jaloux du succès de l'école d'Épicure et inquiets à l'idée de perdre leur public.

Contrairement à l'épicurisme, le stoïcisme se caractérise par une extrême austérité. Cette philosophie est d'abord une doctrine morale qui propose **des règles de vie permettant à l'homme d'atteindre bonheur et sagesse** :

- d'une part l'homme doit **vivre en harmonie avec la nature en maitrisant ses passions**, qui épuisent l'âme en vain. Dès lors, les stoïciens s'attachent à ne pas regretter, à ne pas avoir pitié, à ne pas être affectés par l'injustice, à ne pas ignorer, à ne pas avoir d'opinion, etc. ;
- d'autre part il doit **accepter que tout ce qui arrive doit arriver**. En effet, tout est écrit d'avance. Cet assentiment au destin apporte au stoïcien la liberté et la paix de l'âme (ce qu'on appelle l'ataraxie), et lui permet de vivre parmi les hommes en acceptant la place qui lui est assignée. Aujourd'hui, le terme « stoïque » désigne l'attitude de

celui qui supporte la douleur et le malheur de façon presque impassible.

ÉPICURE OU LA CRITIQUE DU STOÏCISME

Épicure désapprouvait les croyances stoïciennes, qu'il jugeait orgueilleuses. Il **voulait se montrer plus humain** : il a donc imaginé une sagesse qui tiendrait compte de la faiblesse humaine et de sa nature. En effet, selon lui, le sage ne peut être exemplaire et dépourvu de passions ; il ne peut être l'homme indifférent au monde que proposent les stoï-ciens. Épicure réhabilite donc les passions, les considérant comme pouvant être à l'origine d'actions vertueuses.

En outre, Épicure dénonce :

- l'imposture derrière l'apparence physique et la rhétorique (ensemble des règles constituant l'art de bien parler) des stoïciens ;
- leurs pratiques de manipulation ;
- leur dialectique (méthode de raisonnement qui met en évidence les contradictions pour les dépasser) fondée sur des techniques et des raisonnements très subtils obtenus en réduisant tout à des vétilles langagières.

Selon lui, **les stoïciens utilisent la philosophie en vue de prendre le pouvoir sur leurs disciples** en les mettant sous l'emprise d'une dialectique qui rend les réalités plus obscures. Pour sa part, **Épicure veut faire de la dialectique une méthode clarificatrice et émancipatrice**. En d'autres termes, sa doctrine vise une meilleure connaissance du réel, et cherche ainsi à rendre l'homme libre et indépendant.

Stoïciens et épicuriens sont également en **désaccord sur la notion de providence** :

- aux yeux d'**Épicure**, celle-ci laisse aux hommes leur pouvoir d'action et s'adapte au fur et à mesure de leurs actes. **Rien n'est écrit d'avance** ;
- **les stoïciens** assimilent au contraire la providence au destin. Or le destin, comme ils le prétendent, soumet même Jupiter, le roi des dieux. En somme, c'est non seulement la liberté des hommes qui est concernée, mais également leurs espoirs et leurs prières puisque les dieux ne peuvent rien d'autre que ce qui est écrit par le destin. **Tout est décidé d'avance** et il est inutile de tenter d'aller à l'encontre du destin.

ÉPICURE CALOMNIÉ

Les stoïciens auraient répandu l'idée fausse qu'Épicure, en utilisant **le mot « volupté »** pour parler du désir de tranquillité de l'âme et du corps, parlait en réalité de **la jouissance et des plaisirs de l'amour**. En effet, la signification courante du terme « volupté » renvoie à une impression extrêmement agréable, donnée aux sens par des objets concrets, des biens matériels, des phénomènes physiques. Ainsi, dès son époque, **des détracteurs ont mal interprété sa doctrine**. Le philosophe Sénèque (vers 60 av. J.-C.-39 apr. J.-C.) a d'ailleurs confirmé que l'école stoïcienne avait pour prescription de poursuivre Épicure le plus violemment possible et de le persécuter continuellement. Les stoïciens se passaient cette tradition comme un flambeau et celui qui refusait de critiquer le sage ou qui le louait était tenu pour un stoïcien bâtard. Tout était prétexte à rendre Épicure haïssable. Ils voyaient par exemple dans la maladie qui l'a fait mourir une preuve de sa gloutonnerie.

Les accusations lancées contre Épicure ont rencontré les faveurs du peuple, abusé par une **mise en scène théâtrale de la part des stoïciens** : visage austère, peau rasée, démarche grave, vêtements sans apprêt faisaient croire à leur irréprochable vertu. La foule, majoritairement sans instruction, a cru les calomnies proférées à l'encontre d'Épicure, se satisfaisant des apparences et adhérant aux simplifications abusives au mépris du détail et de la nuance. C'est ainsi, par ignorance, que la tradition défavorable à Épicure s'est répandue, tradition faisant du philosophe un exemple d'avilissement et de dépravation à la figure de pourceau.

La rumeur a ensuite été alimentée par des poètes qui eux aussi ne cherchaient rien d'autre que de plaire à la foule. Des **pseudo-épicuriens** ont également sali l'image du sage en poussant les jeunes gens à commettre des obscénités : il y a en effet toujours eu des hommes ravis de pouvoir s'abriter sous une philosophie pour justifier leurs envies de débauche. Après les stoïciens, les poètes et les pseudo-épicuriens, ce sont les **penseurs chrétiens** qui ont le plus largement contribué à la diffusion de la mauvaise réputation d'Épicure.

Encore aujourd'hui, le sens de l'expression « être un épicurien » témoigne de la survivance de cette mécompréhension du philosophe puisqu'elle se rapporte à une personne à la recherche du plaisir sous toutes ses formes.

PENSÉE ET APPORT

L'œuvre d'Épicure constitue un **système composé de trois parties** qui forment un ensemble cohérent aux éléments interdépendants :

- la **canonique** s'interroge sur les conditions de la connaissance (Comment approcher le réel et accéder à la connaissance ?) et trouve son application dans la physique ;
- la **physique** propose une explication philosophique de la nature et aboutit, grâce à la canonique, à la connaissance de la nature ;
- la connaissance de la nature offre ensuite la possibilité de dissiper les craintes qui tourmentent les hommes, ce qui ouvre sur l'**éthique** (ou morale), qui traite des conditions de la vie heureuse.

LA CANONIQUE

La sensation comme critère du « vrai »

Dans sa canonique, Épicure recherche les critères de la connaissance du vrai. Non pas le vrai en soi ou la vérité absolue, mais ce qui rend la paix de l'âme possible. Son but est de trouver **comment appréhender la réalité et ainsi accéder à la connaissance**.

Il valorise pour cela les sensations : l'épicurisme se réclame du sensualisme, un courant considérant que **toute connaissance nait de la sensation**. Celle-ci provient du contact entre les corps (au sens large, c'est-à-dire tous les

objets et les êtres qui composent le monde) et nos sens :
les atomes des corps produisent des simulacres (particules
qui se détachent des corps) qui viennent heurter nos sens
(oreilles, yeux, peau, etc.), nous permettant ainsi la représentation des dits corps. Cette représentation est tout à
fait objective. Les sensations répétées au fur et à mesure
des mêmes expériences de contact entre nos sens et les
simulacres produisent des prénotions. Celles-ci fondent un
savoir anticipé : les prénotions nous permettent d'anticiper
la perception, de reconnaitre les choses avant même de les
percevoir. La somme des savoirs anticipés qui se rapportent
aux sensations constitue une connaissance.

Ainsi, la sensation est un critère qui permet de juger ce
qui est vrai. L'erreur reste cependant possible, mais elle
s'explique par le fait que les hommes ajoutent souvent aux
sensations des opinions ou des interprétations qui n'ont
aucun rapport avec la sensation en question.

La sensation comme critère du « bon »

Le plus important est de chercher à **déterminer si les
sensations sont bonnes ou mauvaises pour l'homme**. Dès
lors, non seulement la sensation permet de juger le vrai,
mais également le bon. Peu importe la nature véritable et
l'essence des choses, **l'essentiel est la sensation éprouvée**
par l'homme au contact de l'objet. Par exemple, on ne

peut déduire de la sensation la nature véritable de l'eau puisqu'une eau à la même température parait à l'homme fraiche en été et chaude en hiver ; ce qui compte est de savoir si cela est bon pour l'homme (citation 1). Le bon et le mauvais pour l'homme constituent les critères de l'affection. Ainsi, il existe deux critères d'affection : le plaisir et la douleur.

LA PHYSIQUE

Pour une science curative

La physique épicurienne ne doit pas s'entendre au sens moderne comme une recherche d'explication des phénomènes ou comme une recherche permettant de connaitre le monde et de l'exploiter à travers les techniques. L'intérêt des épicuriens pour la nature vient de la volonté qu'ils ont de lutter contre les craintes nées des superstitions qui troublent la paix de l'âme et empêchent les hommes d'être heureux. **La connaissance de la nature doit être curative**.

Épicure rejette les études libérales menées sans but et en toute liberté, dans la seule et unique intention de se cultiver, repoussant le vain, l'inutile et le pernicieux. Mais il ne rejette pas le savoir dans son ensemble. Pour lui, **bien des choses inutiles se sont glissées dans les sciences** : il faut les en purifier. Par exemple, les arts appliqués et les techniques sont utiles pour bâtir des maisons, mais pas pour façonner des objets de luxe. Il est utile d'étudier la nature (physiologie) pour cultiver les plaisirs et réduire les terreurs, mais il n'est pas nécessaire d'encombrer son esprit de détails qui nuisent à la tranquillité de l'âme.

Selon le philosophe, il ne faut pas supprimer complètement les sciences : il s'agit de n'en garder que la partie qui aide à mieux connaitre les fins de l'homme et à mieux les atteindre. Sa théorie scientifique n'est donc pas destinée à apporter des réponses objectives à des questionnements, mais elle vise la paix de l'âme.

La théorie atomiste et le rôle du hasard

Comme tous les philosophes de l'Antiquité, Épicure était également astronome et physicien. Pour mener une vie heureuse, il était, selon lui, essentiel de comprendre le fonctionnement de l'univers. En effet, **la méconnaissance de l'univers engendre la peur et la souffrance morale**. Il faut donc démystifier la nature, la vider de toute magie et de tout caractère merveilleux pour ne l'appréhender qu'en fonction de ses mécanismes, qui sont aveugles et amoraux. La nature étant aveugle, elle ne peut être ni bienveillante ni malveillante. Elle ne peut donc être l'objet de craintes.

Pour expliquer le fonctionnement de l'univers, Épicure reprend l'atomisme de Démocrite : le monde est composé de vide et d'atomes indivisibles présents en nombre illimité qui, en se rencontrant et en s'assemblant, forment les corps. Ainsi, rien ne nait de rien, toute chose n'est qu'une combinaison particulière d'atomes.

BON À SAVOIR

L'atomisme est une doctrine philosophique qui considère que la matière est uniquement constituée d'atomes.

Épicure modifie l'explication de son premier maitre en y introduisant **l'idée d'un clinamen** : il s'agit de la déviation spontanée, indéterminée et aléatoire des atomes par rapport à leur chute verticale qui fait qu'ils s'entrechoquent par hasard. En somme, les atomes tombent à égale vitesse en ligne droite à cause de leur poids, dans le vide infini, puis ils se rencontrent et, de leur rencontre, naissent des corps composés, et ce dès qu'ils dévient de manière infime de leur trajectoire. Par là, Épicure parvient à introduire du hasard dans la nécessité : **il est nécessaire, pour que les corps se forment, que les atomes se rencontrent, mais ils se rencontrent par hasard**. Ces mouvements continuels des atomes font que **des mondes et des corps se créent et se désagrègent sans cesse**. Ainsi, un monde est un agencement éphémère au sein de l'infinité, et le monde n'est donc ni unique ni fermé. Il y a dans l'univers une infinité de mondes, qui correspondent à l'infinité des combinaisons atomiques, chacun peuplé d'une variété d'êtres vivants.

Épicure remplace le déterminisme absolu de Démocrite (pour qui toutes choses dans le monde se font selon la nécessité) par un indéterminisme absolu, ce qui sauve la liberté humaine. En effet, s'il n'y a pas de destin mais uniquement du hasard, **l'homme reste libre d'agir selon sa volonté** en vue d'obtenir ce qu'il désire et de façonner sa vie comme il l'entend. Par conséquent, nos actions n'étant dirigées ni par la fatalité, ni par la chance, ni par la main de Dieu, la vie appartient pleinement à l'homme.

L'ÉTHIQUE

Elle est le but ultime de la démarche épicurienne, et vise la santé du corps et l'absence de troubles de l'âme.

L'indifférence des dieux

L'ordre du monde est le fait du hasard et non d'une intelligence divine. Mais il ne faut pas pour autant en conclure qu'Épicure nie l'existence des dieux. Le philosophe place les dieux en dehors du monde et nie la Providence divine parce que la conception commune des dieux contribue à troubler l'âme puisqu'elle dit aux hommes de les craindre. Ainsi, selon lui, **les dieux n'ont rien à voir avec la création du monde** (citation 2), et il n'y a pas à se soucier d'eux parce que **c'est le hasard qui entraine tout**. Par ailleurs, le monde est éternel et ne peut donc avoir besoin d'une puissance divine pour être créé. En effet, l'être ne peut venir du non-être pas plus que le non-être ne peut venir de l'être, comme nous l'avons vu dans la partie consacrée à la physique.

En philosophe matérialiste, Épicure prône une religion purifiée : il ne supprime pas les dieux – les dieux existent, c'est une évidence, comme en témoigne la prénotion générale des dieux qui se trouve en chacun de nous – mais les pose quelque part ailleurs dans l'intermonde où **ils sont inactifs, oisifs et en état de félicité permanente**. Ce sont des entités parfaites, immuables et indifférentes, dépourvues d'émotions ou de passions : ils n'ont rien de commun avec les hommes. Nous devons juste les prendre pour des modèles de bonheur.

Leur perfection est possible à condition qu'ils ne puissent pas agir sur le monde. En effet, se consacrer aux tâches serviles et humiliantes que seraient les services à l'humanité, en échange de quelque offrande, serait indigne des dieux et constituerait pour eux une grande source de tracas. En somme, les dieux ne détiennent pas le pouvoir de dominer, de créer, d'imposer leur volonté à des êtres qui leur sont inférieurs, mais ils représentent la perfection de l'être suprême. Ainsi, **les dieux sont l'incarnation du mode de vie épicurien** : jouissance de sa propre perfection, pur plaisir d'exister, sans besoins et sans troubles, dans une société dont la douceur n'a pas d'égal. L'amour des épicuriens à l'égard des dieux est désintéressé et pur : ils les prient dans l'unique but de les louer sans jamais rien leur demander. Épicure remplace le culte servile par le culte filial.

> ### BON À SAVOIR
>
> Le **matérialisme** est une philosophie qui rejette l'existence d'un principe spirituel, estimant que la matière est à l'origine de toutes choses. Il s'oppose au **spiritualisme** qui affirme au contraire l'autonomie et la supériorité de l'esprit sur la matière.

Une nouvelle vision de la mort

Tout comme l'univers, **l'âme est composée d'atomes**. Ainsi, en envisageant l'âme sur un mode matérialiste, Épicure propose une nouvelle vision de la mort. Selon lui, **après la mort, aucune partie de nous-mêmes ne survit** puisque l'âme n'est pas une entité spirituelle mais un agrégat d'atomes, un souffle chaud qui contient la pensée et les affections, liée au corps pour permettre la sensation. Une fois le corps détruit, l'âme se dissipe avec lui. Il n'y a donc pas de raison de craindre la mort (citation 3). La mort étant inéluctable et l'au-delà inexistant, Épicure recommande donc de se hâter d'être heureux dans cette vie limitée.

Santé du corps et tranquillité de l'âme

Épicure, ayant démontré l'absence d'au-delà, recommande aux hommes la réalisation du bonheur en ce monde, et ce en se laissant guider par leurs sensations. En effet, comme nous l'avons vu, les sensations ne sont pas seulement le critère de la connaissance mais nous permettent également de définir ce qui est bon pour nous.

Le philosophe explique qu'**il n'y a pas plus grande ni plus constante volupté que la santé du corps et la tranquillité du cœur** (citation 4). Il fait donc de celles-ci la fin, autrement dit le but, des biens. La quête de la volupté au sens épicurien est donc davantage la fuite de la douleur que la recherche des plaisirs parce que le seul plaisir véritable est le pur plaisir d'exister et la satisfaction de ce que l'on a, sans rechercher ce qui se trouve hors de notre portée.

La santé du corps et la tranquillité du cœur sont assurées par **la pratique des vertus**, en particulier :

- la tempérance ;
- la connaissance des choses ;
- l'éradication des désirs vains ;

- l'absence de terreur.

Épicure conclut qu'un sage (un homme doué de vertus) est un homme qui veille en premier lieu à la sobriété et à la maitrise de soi, c'est-à-dire un homme doué des vertus de tempérance et de prudence. Le sage doit avoir apaisé toutes ses passions : le désir, la goinfrerie, l'avarice et l'ambition. La véritable et authentique volupté ne dépend donc pas des actes ni des mouvements, mais réside dans l'absence à la fois de douleur dans le corps et de troubles dans l'esprit et le cœur.

Ainsi, les banquets et les fêtes ininterrompues, les jouissances auprès d'hommes ou de femmes, ou encore les nourritures trop abondantes n'engendrent pas une vie agréable. Par contre, raisonner afin de découvrir les causes de ses troubles et faire de bons choix amène la tranquillité d'âme. En d'autres termes, **philosopher est à l'origine de tous les biens** (<u>citation 5</u>).

La classification épicurienne des désirs

À cette fin de paix de l'âme, **il faut adopter un comportement de maitrise de soi et de ses passions**, de mesure et d'abstinence raisonnée selon un calcul théorisé par Épicure lui-même, qui soupèse les avantages et les inconvénients de chaque désir (<u>citation 6</u>). Ainsi, il explique par exemple que l'activité physique est douloureuse pour le corps mais bénéfique pour la santé : accepter ce peu de douleur est donc un bon calcul. Inversement, consentir aux dégâts de l'alcool sur la santé pour le plaisir de boire en est un mauvais.

Épicure a établi une **classification des désirs** (<u>citation 7</u>). Il distingue :

- les désirs vains et irréalisables (notamment le désir d'immortalité) ;
- les désirs vains et artificiels (entre autres l'aspiration à la gloire, à la richesse ou à la luxure) ;
- les désirs naturels non nécessaires (la recherche de l'agréable, par exemple le désir sexuel) ;
- les désirs naturels et nécessaires (manger, boire, dormir, etc.).

Les désirs vains, dits « en mouvement », mènent à l'insatisfaction et à la douleur parce qu'ils sont violents, éphémères et insatiables. Inversement, **les désirs naturels et nécessaires, ou plaisirs stables, mènent à l'état d'un corps apaisé et sans souffrance** qui n'a ni faim, ni froid, ni soif. Quant aux désirs naturels et non nécessaires, ils sont tout juste tolérés.

Le plaisir en tant que suppression de la douleur est un bien absolu, c'est-à-dire un bien auquel aucun nouveau plaisir ne peut être ajouté, un bien qui n'a nul égal. La satisfaction des besoins vitaux atteint chez Épicure une certaine transcendance. En effet, cet état d'équilibre offre à l'homme la liberté de pouvoir enfin prendre conscience du plaisir d'exister. Il est impossible de vivre agréablement sinon selon la vertu, la bonté, la sagesse, le bien, la moralité et la justice. Épicure en conclut que la vraie liberté ne s'acquiert qu'au travers de la philosophie.

EN RÉSUMÉ

Selon Épicure, **toute connaissance nait de la sensation** : la sensation permet de juger ce qui est vrai. En outre, **elle permet de déterminer ce qui est bon pour l'homme** : grâce au plaisir ou à la douleur qu'il ressent, celui-ci peut déduire ce qui est bon ou mauvais pour lui.

Épicure s'intéresse à la nature uniquement parce qu'il estime que les craintes que les hommes nourrissent à son égard les empêchent d'être heureux. **Les sciences ont pour but de démystifier la nature**.

Le philosophe propose une conception atomiste de l'univers : **le monde est composé de vide et d'une infinité d'atomes** qui se rencontrent par hasard et forment les corps en s'assemblant. Les atomes étant continuellement en mouvement, des mondes et des corps naissent et meurent sans cesse : il existe une infinité de mondes. Par ailleurs, comme il n'y a que du hasard, l'homme reste libre de ses actions et de ses choix.

Selon l'épicurisme, **la mort et les dieux ne sont pas à craindre**. L'âme étant un assemblage d'atomes, après la mort, elle ne survit pas : il n'y a aucune raison d'avoir peur de l'au-delà. Quant aux dieux, indifférents et dépourvus de sentiments, ils n'ont rien à voir avec la création du monde. Parce qu'ils vivent dans la plénitude, ils représentent la perfection et sont des modèles à imiter.

Le bonheur suprême réside dans la santé du corps et la tranquillité du cœur. Pour l'atteindre, il faut se laisser guider par les sensations, qui nous portent à fuir la douleur, et pratiquer les vertus, notamment celle de la tempérance.

Votre avis nous intéresse !
Laissez un commentaire sur le site de votre librairie en ligne
et partagez vos coups de cœur sur les réseaux sociaux !

POUR ALLER PLUS LOIN

- BRUN (Jean), *L'Épicurisme*, Paris, PUF, 1991.
- BRUN (Jean), *Le Stoïcisme*, Paris, PUF, 1985.
- CLÉMENT (Élisabeth) *et alii*, *La Philosophie de A à Z*, Paris, Hatier, 2000.
- ÉPICURE, *Lettre à Ménécée*, traduction de Pierre Pénisson, Paris, Hatier, 2007.
- ÉPICURE, *Lettres, maximes, sentences*, traduction de Jean-François Balaudé, Paris, Le Livre de Poche, 1994.
- HADOT (Pierre), *Qu'est-ce que la philosophie antique ?*, Paris, Gallimard, 1995.
- KUNZMANN (Peter), BURKARD (Franz-Peter) et WIEDMANN (Franz), *Atlas de philosophie*, Paris, Le Livre de Poche, 2010.
- LUCRÈCE, *De la nature*, traduction de José Kany-Turpin, Paris, GF-Flammarion, 1999.
- RODIS-LEWIS (Geneviève), *Épicure et son école*, Paris, Gallimard, 1993.
- SALEM (Jean), *L'Atomisme antique. Démocrite, Épicure, Lucrèce*, Paris, Le Livre de Poche, 1997.

TESTEZ VOS CONNAISSANCES !

ASSOCIEZ CHAQUE CITATION À L'EXPLICATION QUI LUI CORRESPOND

Citation 1 : « [...] nous nous servons de la sensation comme d'une règle pour apprécier tout bien qui s'offre. » (ÉPICURE, *Lettre à Ménécée*, Paris, Hatier, 2007)

Citation 2 : « [Les dieux] n'existent pas de la façon dont la foule se les représente. » (*ibid.*)

Citation 3 : « Le plus effrayant des maux, la mort, ne nous est rien, disais-je : quand nous sommes, la mort n'est pas là, et quand la mort est là, c'est nous qui ne sommes pas ! » (*ibid.*)

Citation 4 : « [...] la santé du corps et la tranquillité de l'âme, [...] c'est là la perfection même de la vie heureuse. » (*ibid.*)

Citation 5 : « Celui qui prétendrait que l'heure de philosopher n'est pas encore venue ou qu'elle est déjà passée ressemblerait à celui qui dirait que l'heure n'est pas encore arrivée d'être heureux ou qu'elle est déjà passée. » (*Lettre à Ménécée*, trad. Maurice Solovine, Paris, Hermann, 1940)

Citations 6 : « Tout plaisir ne doit pas être recherché [...]. [...] Il convient de décider de cela en comparant et en examinant attentivement ce qui est utile et ce qui est nuisible. » (*ibid.*)

Citation 7 : « Il faut se rendre compte que parmi nos désirs, les uns sont naturels, les autres vains, et que parmi les premiers il y en a qui sont nécessaires et d'autres seulement naturels. Parmi les nécessaires, il y en a qui le sont pour le bonheur, d'autres pour la tranquillité continue du corps, d'autres enfin pour la vie même. » (*ibid.*)

Explication a : les dieux n'ont rien à voir avec la création du monde et ne sont donc pas à craindre.

Explication b : la connaissance de la nature a pour but de lui ôter tout caractère merveilleux afin d'apaiser les hommes.

Explication c : Épicure distingue les désirs naturels et nécessaires, qui mènent à l'état d'un corps apaisé et sans souffrance, des désirs vains, qui n'apportent que douleur.

Explication d : la sensation permet à l'homme de déterminer ce qui est bon pour lui.

Explication e : la philosophie est à l'origine de tous les biens.

Explication f : l'âme étant composée d'atomes, après la mort, aucune partie de nous ne survit.

Explication g : il s'agit de soupeser les avantages et les inconvénients de chaque désir avant de prendre une décision.

Explication h : c'est grâce à la sensation que l'homme peut connaitre le réel.

Explication i : il n'existe pas de plus grand bien que la santé du corps et la tranquillité du cœur.

Explication j : il n'y a pas de destin, mais uniquement du hasard, ce qui signifie que l'homme est libre.

Rendez-vous sur lepetitphilosophe.fr et découvrez :

Plus de 1200 analyses
Claires et synthétiques
Téléchargeables en 30 secondes
À imprimer chez soi

ISBN version numérique : 978-2-8062-4938-8
ISBN version papier : 978-2-8080-0147-2
Dépôt légal : D/2017/12603/531

Conception numérique : Primento,
le partenaire numérique des éditeurs.

Made in the USA
Monee, IL
07 July 2026